UN OCCIDENT KIDNAPPÉ
OU LA TRAGÉDIE
DE L'EUROPE CENTRALE

MILAN KUNDERA

UN OCCIDENT KIDNAPPÉ

OU LA TRAGÉDIE DE L'EUROPE CENTRALE

le débat
Gallimard

LA LITTÉRATURE
ET LES PETITES NATIONS

PRÉSENTATION

Il est des congrès d'écrivains plus importants, ou en tout cas plus mémorables, que les congrès du Parti. Ces derniers, dans la Tchécoslovaquie communiste, se suivaient et se ressemblaient. Les congrès d'écrivains pouvaient être imprévisibles et parfois annonciateurs de changements profonds dans les rapports entre le pouvoir et la société.

Il est aussi des discours de congrès qui marquent une époque et dont la relecture aujourd'hui garde une résonance particulière. On pense à la dénonciation de la censure par Soljenitsyne à Moscou en mai 1967, qui inspira à Guy Béart une belle chanson : « Le poète a dit la vérité, il doit être exécuté »… On connaît moins les étonnants discours prononcés à Prague un mois plus tard au Congrès des écrivains, à commencer par celui de Milan Kundera.

Milan Kundera est alors un écrivain à succès, au théâtre avec *Les Propriétaires des clés* (1962), avec ses recueils de nouvelles *Risibles amours* (1963 et 1965) et surtout *La Plaisanterie*, parue en 1967 (au moment du Congrès des écrivains), roman qui évoque et clôt une époque et reste, pour les lecteurs tchèques mais pas seulement, associé au printemps 1968[1]. Kundera enseigne à l'École de cinéma (FAMU) et devient l'une des figures marquantes d'un formidable essor de la création culturelle, d'une originalité et d'une diversité exceptionnelles, tant dans la littérature (Hrabal, Skvorecky, Vaculik...) qu'au théâtre (Havel, Topol), et surtout dans la nouvelle vague du cinéma (Forman, Passer, Menzel, Nemec, Chytilova...). Il considère – non sans raisons – les années soixante comme un « âge d'or » de la culture tchèque, qui se défait progressivement des contraintes idéologiques du régime, sans subir celles du marché. Dans cette perspective, le Printemps de Prague de 1968 ne se réduit pas à sa dimension politique et n'est intelligible que comme aboutissement d'une décennie où l'hebdomadaire des écrivains, *Literarni noviny*, tire à 250 000 exemplaires, tous vendus dans la journée ; une décennie où l'émancipation de la culture accélère la décomposition de la structure politique.

1. La traduction française paraît au lendemain de l'invasion soviétique en octobre 1968 aux Éditions Gallimard.

Le pouvoir en place, mesurant le danger, tenta alors une reprise en main, et le Congrès des écrivains de juin 1967 devint le théâtre de ce bras de fer entre les écrivains et le pouvoir, dont les prémices se trouvaient dans la conférence de Liblice de 1963 consacrée à Franz Kafka, un enterrement symbolique du « réalisme socialiste ». L'œuvre de l'écrivain juif pragois de langue allemande, à commencer par *Le Procès*, relevait aux yeux des lecteurs tchèques, quarante ans plus tard, d'un autre réalisme, plutôt dérangeant pour l'occupant du Château, le chef du Parti et de l'État, Antonin Novotny.

Le Congrès des écrivains de 1967 connut plusieurs temps forts. D'abord le discours de l'écrivain Pavel Kohout, critiquant la politique anti-israélienne du bloc soviétique dans la guerre des Six-Jours avant de lire la fameuse lettre de Soljenitsyne à l'Union des écrivains soviétiques. C'en était trop pour Jiri Hendrych, le gardien de l'orthodoxie idéologique à la direction du Parti, qui quitta la salle et, passant derrière la tribune où se trouvaient Kundera, Prochazka et Lustig, leur lança un mémorable : « Vous avez tout perdu, absolument tout ! » Le lendemain, ce fut au tour de Ludvik Vaculik, l'auteur de *La Hache* et membre de la rédaction de *Literarni noviny*, ulcéré par les propos de Hendrych, de transgresser toutes les limites de ce qui était présumé acceptable, abordant sans ambages la question de fond : la confiscation du pouvoir par « une poignée de gens qui veulent décider de tout », s'en prenant à la censure et même à la Constitution. La rupture était consommée.

L'histoire politique retiendra, bien entendu, le conflit explicite des écrivains avec le pouvoir ; la défaite provisoire des premiers à l'été 1967, puis leur victoire (provisoire, elle aussi) au printemps 1968. L'histoire des idées retiendra particulièrement le discours d'ouverture de Milan Kundera. Comme ses collègues, il s'en prend à la censure, mais aborde le thème de la liberté de création par un autre biais. Adoptant une perspective historique, Kundera s'interroge sur le sort de la nation tchèque dont l'existence même « n'allait pas de soi », avec des élites décimées après la bataille de la Montagne-Blanche (1620) et deux siècles de germanisation, et revient à la question provocante formulée à la fin du XIXe par l'écrivain Hubert Gordon Schauer : cela valait-il vraiment la peine d'investir autant d'efforts pour redonner aux Tchèques une langue porteuse d'une haute culture ? N'était-il pas préférable de se fondre dans la culture allemande, alors plus développée et plus influente ? Kundera reprend la question de manière rhétorique près d'un siècle plus tard et apporte sa réponse : cela se justifie seulement par une contribution originale à la culture et aux valeurs européennes ; autrement dit, l'universel par le particulier. La vitalité de la culture tchèque des années soixante semble justifier cette ambition ou ce pari. Or cet essor de la culture, dont dépend l'existence de la nation, a comme condition la liberté. Le plaidoyer pour l'autonomie de la culture et la liberté de l'esprit devient un défi pour les idéologues censeurs que Kundera désigne comme les « vandales ». Émanciper la culture de l'emprise du pouvoir acquiert à l'évidence une dimension politique.

Mais la question abordée par Kundera en 1967 a aussi une résonance étonnamment contemporaine quand il anticipe son autre dimension : le sort des petites nations dans « les vastes perspectives intégrationnistes qui se sont ouvertes dans la seconde moitié du XXe siècle ».

« Le processus d'intégration risque d'englober toutes les petites nations, lesquelles n'ont d'autre défense que la vigueur de leur culture, la personnalité et les traits inimitables de leur apport[1]. » Contenir la « pression non violente de ce proces-

1. Entretien de Milan Kundera avec Antonin Liehm, dans *Trois générations*, entretiens sur le phénomène culturel tchécoslovaque, préface de Jean-Paul Sartre, Paris, Gallimard, 1970. Cet entretien, réalisé à la veille du Congrès des écrivains de 1967, reste sans doute le meilleur autoportrait intellectuel de Milan Kundera.

sus d'intégration aux XXe et XXIe siècles » pourrait se révéler beaucoup plus difficile que ne le fut la résistance opposée autrefois à la germanisation.

Ainsi, l'interrogation sur la spécificité de la place de la culture tchèque trouve son prolongement dans la réflexion de Kundera sur le sort des petites nations d'Europe centrale et anticipe par certains aspects leurs dilemmes dans une Europe se mondialisant. C'est aussi le lien entre le discours de Kundera au Congrès des écrivains de 1967 et l'essai paru en 1983 dans *Le Débat* sur « Un Occident kidnappé ou la tragédie de l'Europe centrale ».

JACQUES RUPNIK

La littérature et les petites nations

DISCOURS AU CONGRÈS DES ÉCRIVAINS TCHÉCOSLOVAQUES

1967

Chers amis, même si aucune nation ne vit sur la planète Terre depuis la nuit des temps et que la notion même de nation est relativement moderne, la plupart d'entre elles ressentent leur existence comme une évidence, un don de Dieu ou de la Nature présent depuis toujours. Les peuples sont à même de définir leur culture, leur système politique et jusqu'à leurs frontières comme leur propre création, donc source de questionnement ou de problème, alors qu'ils considèrent leur existence en tant que peuple comme une donnée exempte de toute interrogation. L'histoire guère heureuse et discontinue de la nation tchèque qui est passée par l'antichambre de la mort a permis à cette dernière de ne pas succomber à ce genre d'illusion trompeuse. L'existence de la nation tchèque n'a jamais été ressentie comme une évidence et c'est justement cette *non-évidence* qui est l'un de ses attributs majeurs.

C'est au début du XIXe siècle que ce phénomène fut le plus flagrant, au moment où une poignée d'intellectuels a essayé de ressusciter d'abord le tchèque, cette langue presque oubliée, puis, à la génération suivante, le peuple tchèque déjà semi-éteint. Cette renaissance fut un acte délibéré et, comme tout acte, il était basé sur un choix entre le pour et le contre. Même s'ils ont penché en faveur du « pour », les intellectuels issus du mouvement de renouveau national tchèque connaissaient également le poids des arguments allant dans le sens inverse. Ils savaient – c'est par exemple Matous Klacel qui en a parlé – qu'une germanisation aurait simplifié la vie des Tchèques, offrant plus d'opportunités à leurs enfants. Ils savaient aussi que l'appartenance à une plus grande nation confère un plus grand poids à tout travail de l'esprit et élargit sa portée, alors que la science formulée en tchèque – je cite Klacel –, *circonscrit la reconnaissance de mon travail assidu*. Ils étaient conscients des tracas auxquels sont confrontés les petits peuples qui – comme disait Jan Kollar – *ne pensent et ne ressentent qu'à moitié* et dont le niveau d'éducation – je cite encore Kollar – *est souvent médiocre et chétif* ; *ne vivant pas, il ne fait que survivre, ne grandit ni ne bourgeonne, ne fait que végéter, ne fait pas pousser des arbres mais uniquement des ronces.*

Une parfaite conscience de ces arguments aussi

bien que des contre-arguments situe la question de « être ou ne pas être et pourquoi ? » dans les fondements mêmes de l'existence moderne de la nation tchèque. Si les protagonistes de l'éveil national ont favorisé cette existence, cela représentait un grand pari pour l'avenir. Ils ont mis le peuple face au devoir de justifier dans le futur la justesse de leur choix.

Il était tout à fait dans la logique de cette non-évidence de l'existence de la nation tchèque qu'en 1886 Hubert Gordon Schauer jetât à la figure de la jeune société tchèque qui commençait déjà à se vautrer dans sa petitesse cette question scandaleuse : N'aurions-nous pas apporté davantage à l'humanité si nous avions joint notre énergie créatrice à celle d'une plus grande nation dont la culture est nettement plus développée que la culture tchèque, encore en germes ? Est-ce que tous les efforts que nous avons déployés pour ressusciter notre peuple en valaient la peine ? Est-ce que la valeur culturelle de notre peuple est suffisamment grande pour justifier son existence ? S'y ajoute une autre question : Est-ce que cette valeur en soi sera à même de le prémunir à l'avenir contre le risque de perte de sa propre souveraineté ?

Le provincialisme tchèque qui se contentait de végéter au lieu de vivre a vu derrière ce questionnement se substituant à de fausses certitudes une attaque contre la nation et, pour cette raison, a décidé d'en exclure M. Schauer. Néanmoins, cinq ans plus tard, le jeune critique Salda a qualifié Schauer de plus grande personnalité de son temps et son essai d'acte patriotique par excellence. Il n'avait pas tort. Schauer n'avait fait que pousser à l'extrême un dilemme dont étaient conscients tous les leaders du réveil national tchèque. Frantisek Palacky a écrit : *Si nous n'élevons pas l'esprit de la nation vers des activités plus grandes et nobles que celles exercées par nos voisins, nous ne pourrons même pas garantir notre propre existence.* Et Jan Neruda de surenchérir : *Nous devons élever notre nation au niveau de conscience et d'éducation du monde afin de garantir non seulement le prestige de celle-ci, mais aussi sa propre survie.*

Les leaders du renouveau tchèque ont lié la survie de la nation aux valeurs culturelles que cette dernière devrait produire. Ils souhaitaient mesurer ces valeurs non pas en fonction de leur utilité à la nation mais en fonction de critères – comme on disait à l'époque – relevant de l'humanité tout entière. Ils aspiraient à intégrer le monde et l'Europe. Dans ce contexte-là, je voudrais souligner une spécificité de la littérature tchèque qui a construit un modèle assez rare ailleurs dans le monde : celui du traducteur en tant qu'acteur littéraire majeur, si ce n'est le principal. Tout compte fait, les plus grandes personnalités littéraires du siècle précédant la Montagne-Blanche[1] étaient des traducteurs : Rehor Hruby de Jeleni, Daniel Adam de Veleslavin, Jan Blahoslav. La célèbre traduction de Milton signée Josef Jungmann a jeté les bases du tchèque de la période du renouveau national ; la traduction littéraire tchèque compte jusqu'à nos jours parmi les meilleures du monde et le traducteur jouit de la même estime que toute autre personnalité littéraire. La raison du rôle majeur joué par la traduction littéraire est évidente : c'est grâce aux traductions que le tchèque s'est constitué et perfectionné en tant que langue européenne à part entière, terminologie européenne incluse. Enfin, c'est à travers la traduction littéraire que les Tchèques ont fondé leur littérature européenne en langue tchèque et que la littérature a formé les lecteurs européens lisant le tchèque.

Pour les grandes nations européennes avec une histoire dite classique, le cadre européen où elles évoluent va de soi. Cependant, les Tchèques, ayant alterné les périodes de veille et de sommeil, ont manqué plusieurs phases importantes

1. La bataille de la Montagne-Blanche, datée du 8 novembre 1620, fut l'une des premières et des plus importantes batailles de la guerre de Trente Ans ; elle a signé la fin de l'indépendance tchèque. *(N.d.T.)*

du développement d'un esprit européen et ont ainsi dû chaque fois s'adapter eux-mêmes à son cadre culturel, se l'approprier et le reconstruire. Rien n'a jamais constitué pour les Tchèques un acquis incontestable, ni leur langue, ni leur appartenance européenne, qui se résume d'ailleurs à un choix perpétuel entre deux options : soit laisser le tchèque s'affaiblir au point qu'il finisse par se réduire en simple dialecte européen – et la culture tchèque, en simple folklore –, soit devenir une nation européenne avec tout ce que cela comporte.

Il n'y a que cette seconde option qui garantisse une réelle existence, existence néanmoins souvent très rude pour un peuple qui, durant tout le XIXe siècle, a consacré le plus clair de son énergie à la construction de ses fondements, allant de l'enseignement secondaire à la rédaction d'une encyclopédie. Et pourtant, dès le début du XXe siècle et surtout entre les deux guerres, nous avons assisté à un essor culturel qui n'a toujours pas d'égal dans toute l'histoire tchèque. Pendant deux décennies, toute une pléiade d'hommes de génie se sont voués à la création et, en cet espace de temps très court, ont réussi pour la première fois depuis Comenius à hisser la culture tchèque au niveau européen, tout en conservant ses spécificités.

Cette période majeure, si brève et si intense

que nous en ressentons toujours la nostalgie, s'apparentait toutefois à l'adolescence plutôt qu'à l'âge adulte : n'étant qu'à ses débuts, la littérature tchèque avait un caractère majoritairement lyrique et n'avait pour se développer besoin de rien autant que d'un temps de paix long et ininterrompu. Briser à ce moment-là la croissance d'une culture aussi fragile, d'abord par l'occupation, puis par le stalinisme, pour presque un quart de siècle, l'isoler du reste du monde, amenuiser ses multiples traditions intérieures, la rabaisser au rang d'une simple propagande fut une tragédie qui risquait de reléguer la nation tchèque une nouvelle fois – et cette fois-ci définitivement – à la périphérie culturelle de l'Europe. Si, depuis quelques années, la culture tchèque a repris du souffle, si elle est à présent sans doute devenue le champ d'activité majeur de notre réussite, si bon nombre d'excellentes œuvres ont vu le jour et que certains arts, comme par exemple le cinéma tchèque, sont en train de vivre leur âge d'or, il s'agit alors du phénomène le plus marquant de la réalité tchèque de ces dernières années.

Seulement, notre communauté nationale est-elle bien consciente de tout cela ? Se rend-elle compte qu'elle pourrait renouer avec cet âge mémorable de l'adolescence de notre littérature d'entre-deux-guerres et que cela représente une excellente opportunité pour elle ? Sait-elle que du sort de sa culture dépend le sien ? Ou alors a-t-on fini par désavouer l'opinion des leaders du renouveau tchèque selon laquelle, faute de valeurs culturelles fortes, la survie d'un peuple en tant que tel est loin d'être garantie ?

Depuis la résurrection nationale tchèque, le rôle de la culture dans notre société a sans doute changé et, aujourd'hui, nous ne courons plus le risque d'être exposés à une oppression d'ordre ethnique. Pourtant, je crois que la culture ne sert pas moins qu'autrefois à justifier et à préserver notre identité nationale. De vastes perspectives intégrationnistes se sont ouvertes lors de la seconde moitié du XXᵉ siècle. Pour la première fois, l'humanité a joint ses efforts pour faire naître une histoire commune. De petites entités s'associent pour en former de plus grandes. La collaboration culturelle internationale se concentre en s'unissant. Le tourisme devient un phénomène de masse. Par conséquent, le rôle de plusieurs langues mondiales majeures s'accroît et, comme toute la vie s'internationalise, le poids des petites langues se réduit de plus en plus. Il y a peu, j'ai parlé avec un homme de théâtre, un Belge flamand. Il se plaignait que sa langue était menacée, que l'intelligentsia flamande devenait bilingue et qu'à sa langue maternelle elle commençait à préférer l'anglais qui lui facilitait le contact avec la science internationale. Dans ces circonstances-là, les petits peuples ne peuvent défendre leur langue et leur souveraineté qu'à travers le poids culturel de leur langue même et le caractère unique des valeurs engendrées à l'aide de celle-ci. Évidemment, la bière de Pilsen est aussi une valeur. Toutefois, partout on la boit en tant que Pilsner Urquell. Non, la bière de Pilsen ne peut nullement étayer la revendication des Tchèques à conserver leur propre langue. À l'avenir, ce monde qui ne cesse de s'intégrer nous demandera sans ménagement et de façon tout à fait légitime de justifier cette existence que nous avons choisie il y a 150 ans et il nous interrogera sur le *pourquoi* de ce choix.

Il est crucial que toute la société tchèque prenne pleinement conscience du rôle essentiel qu'occupent sa culture et sa littérature. La littérature tchèque – c'est son autre spécificité – est très peu aristocratique ; c'est une littérature plébéienne étroitement liée à son large public national. Cela représente à la fois sa force et sa faiblesse. Sa force réside dans son arrière-base solide où sa parole résonne fortement, ses faiblesses, dans son émancipation insuffisante, dans le niveau d'éducation, la largeur d'esprit ainsi que les manifestations éventuelles d'inculture de la société tchèque dont elle dépend si étroitement. Parfois, je crains que notre éducation contemporaine ne perde ce caractère européen qui tenait tant à cœur à nos humanistes et aux leaders de la résurrection nationale tchèque. L'antiquité gréco-romaine et la chrétienté, ces deux sources fondamentales de l'esprit européen, qui provoquent la tension de ses propres expansions, ont presque disparu de la conscience d'un jeune intellectuel tchèque ; il s'agit là d'une perte irremplaçable. Or, il existe une solide continuité dans la pensée européenne qui a survécu à toutes les révolutions de l'esprit, pensée ayant bâti son vocabulaire, sa terminologie, ses allégories, ses mythes ainsi que ses causes à défendre sans la maîtrise desquels les intellectuels européens ne peuvent pas s'entendre entre eux. Je viens de lire un rapport accablant sur les connaissances de la littérature européenne qu'ont les futurs enseignants de tchèque, et je préfère ignorer quelle est leur maîtrise de l'histoire mondiale. Le provincialisme n'est pas seulement l'apanage de notre orientation littéraire, mais surtout un problème lié à la vie de toute la société, à son éducation, à son journalisme, etc.

Récemment, j'ai vu un film qui s'appelle *Les Petites Marguerites* et qui raconte l'histoire de deux demoiselles merveilleusement ignobles, bien fières de leur mignonne étroitesse d'esprit et détruisant avec joie et bonne humeur tout ce qui dépasse leurs propres horizons. Il me semblait y voir une allégorie du vandalisme de portée très large et d'une actualité brûlante. C'est qui, un vandale ? Non, ce n'est point le paysan analphabète qui, dans un accès de colère, met le feu à la maison du riche propriétaire terrien. Les vandales que je croise, moi, sont tous lettrés, contents d'eux-mêmes, jouissent d'une assez bonne position sociale et n'ont pas spécialement de ressentiments envers quiconque. Le vandale, c'est la fière étroitesse d'esprit qui se suffit à elle-même et est prête à tout moment à réclamer ses droits. Cette fière étroitesse d'esprit croit que le pouvoir d'adapter le monde à son image fait partie de ses droits inaliénables et, vu que le monde est majoritairement composé de tout ce qui la dépasse, elle adapte le monde à son image en le détruisant. Ainsi un adolescent décapite-t-il une statue dans un parc parce que cette statue dépasse outrageusement sa propre essence humaine, et puisque chaque acte d'auto-affirmation apporte de la satisfaction à l'homme, il le fait en jubilant. Les hommes qui ne vivent que leur présent non contextualisé, qui ignorent la continuité historique et qui manquent de culture sont capables de transformer leur patrie en un désert sans histoire, sans mémoire, sans échos et exempt de toute beauté. Le vandalisme contemporain ne revêt pas uniquement des formes répréhensibles par la loi. Lorsqu'un comité de citoyens ou bien des bureaucrates en charge d'un dossier décrètent qu'une statue (un château, une église, un tilleul centenaire) est inutile et qu'ils décident de l'enlever, il ne s'agit là que d'une autre forme de vandalisme. Il n'y a pas de grande distance entre une destruction légale et illégale, comme il n'y en a pas entre une destruction et une interdiction. Un membre du parlement a récemment demandé au nom d'un groupe de 21 députés l'interdiction de deux films tchèques majeurs, difficiles d'accès, y compris – quelle ironie ! – cette allégorie du vandalisme que sont *Les Petites Marguerites*. Il s'est attaqué sans vergogne aux deux films et a d'emblée admis, mot pour mot, qu'il ne les avait pas compris. L'incohérence dans son propos n'est qu'apparente. Le plus grand méfait imputé à ces deux œuvres cinématographiques est justement qu'en dépassant les horizons de leurs juges, elles aient offensé ces derniers.

Dans une lettre à Helvétius, Voltaire a écrit cette phrase magnifique : *Je ne suis pas d'accord avec ce que vous dites, mais je me battrai jusqu'à la mort pour que vous ayez le droit de le dire.* Il s'agit là de la formulation du principe éthique de base de notre culture moderne. Qui régresse dans l'histoire avant la naissance de ce principe-là, quitte les Lumières pour retourner au Moyen Âge. Toute répression d'une opinion, y compris la répression brutale d'opinions fausses, va au fond contre la vérité, cette vérité qu'on ne trouve qu'en confrontant des opinions libres et égales. Toute interférence dans les libertés de pensée et d'expression – quelles que soient la méthode et l'appellation de cette censure – est au XXe siècle un scandale, ainsi qu'un lourd fardeau pour notre littérature en pleine effervescence.

Une chose est incontestable : si aujourd'hui nos arts prospèrent, c'est grâce aux avancées de la liberté de l'esprit. Le sort de la littérature tchèque dépend à présent étroitement de l'étendue de cette liberté. Je sais que dès qu'on dit liberté, il y en a qui s'irritent et se mettent à protester en disant que la liberté d'une littérature socialiste doit avoir ses limites. Il est clair que toute liberté a ses limites qui sont déterminées par l'état du savoir, l'ampleur des préjugés, le niveau d'éducation etc. Pourtant, aucune nouvelle ère progressiste n'a été définie par ses propres limites ! La Renaissance ne s'est pas auto-définie par la naïveté étriquée de son rationalisme – celle-ci n'est devenue visible qu'a posteriori – mais par un affranchissement rationaliste des frontières d'antan. Le romantisme s'est auto-défini par le dépassement des canons classicistes et la nouvelle matière qu'il a pu appréhender après avoir traversé les vieilles frontières. De façon analogue, le terme de littérature socialiste n'acquerra de sens positif tant qu'il n'aura pas accompli le même affranchissement libérateur.

Cependant, chez nous, on continue de voir dans la défense des frontières une plus grande vertu que dans un dépassement de ces dernières. Diverses conjonctures politiques et sociétales nous servent à justifier maintes restrictions en matière de liberté d'esprit. Mais une politique digne de ce nom est celle qui privilégie les intérêts substantiels aux intérêts immédiats. Et, pour le peuple tchèque, la grandeur de sa culture représente bel et bien cet intérêt substantiel.

C'est d'autant plus vrai que la culture tchèque a aujourd'hui d'excellentes perspectives devant elle. Au XIXe siècle, le peuple tchèque a vécu à la marge de l'histoire mondiale ; au cours du siècle présent, nous nous situons dans son centre. Une vie au centre de l'histoire n'est pas – nous le savons bien – une partie de plaisir. Toutefois, sur le terrain magique des arts, les tourments se transforment en richesse créatrice. Sur ce terrain-là, même l'amère expérience du stalinisme devient un atout, aussi grand que paradoxal. Je n'aime pas quand on met sur un même pied d'égalité le fascisme et le communisme. Le fascisme basé sur un antihumanisme décomplexé a créé une situation relativement simple sur le plan moral : s'étant lui-même présenté comme l'antithèse des principes et des vertus humanistes, il les a laissés intacts. En revanche, le stalinisme fut l'héritier d'un grand mouvement humaniste qui, malgré la rage stalinienne, a pu conserver bon nombre de postures, d'idées, de slogans, de paroles et de rêves d'origine. Voir ce mouvement humaniste se transformer en son contraire entraînant avec lui toute la vertu humaine, transformant l'amour de l'humanité en cruauté envers les hommes, l'amour de la vérité en délation etc., voilà qui engendre une vision inattendue du fondement même des valeurs et des vertus humaines. Qu'est-ce que l'histoire, quelle est la place de l'homme dans l'histoire et qu'est-ce que l'homme tout court ? Vous ne pouvez pas répondre à toutes ces questions de la même façon avant et après cette expérience. Personne n'en est sorti identique à ce qu'il était en y entrant. Évidemment, le seul stalinisme n'est pas en cause. Les pérégrinations de ce peuple entre démocratie, joug fasciste, stalinisme et socialisme (l'histoire aggravée par un environnement ethnique très compliqué) reproduisent tous les éléments majeurs de l'histoire du XXe siècle. Cela nous permet peut-être de poser des questions plus pertinentes et de créer des mythes plus porteurs de sens que ceux qui n'ont pas traversé le même périple.

Pendant ce siècle, notre peuple a sans doute

vécu plus d'épreuves que bien d'autres, et si son génie est resté en veille, il en sait peut-être davantage à présent. Cette plus grande expérience pourrait se transformer en un affranchissement libérateur des vieilles frontières, un dépassement des limites actuelles des connaissances de l'homme et de sa destinée et donner ainsi du sens, de la grandeur et de la maturité à la culture tchèque. Il ne s'agit sans doute pour l'instant que d'une simple chance, que de potentialités, toutefois, bien des œuvres créées lors de ces dernières années témoignent de la réalité de cette bonne fortune.

Cependant, je dois m'interroger une fois de plus : Notre communauté nationale est-elle consciente de cette chance ? Sait-elle qu'elle lui appartient ? Est-ce qu'elle sait qu'une telle opportunité historique ne se présente pas deux fois ? Sait-elle que gaspiller cette chance reviendrait à gâcher le XXe siècle pour le peuple tchèque ?

Il est communément admis, a écrit Palacky, *que les écrivains tchèques permirent à notre nation d'éviter son trépas, la réveillèrent et fixèrent des objectifs nobles à ses propres efforts.* Ce sont les écrivains tchèques qui ont une responsabilité majeure dans la survie même de notre peuple, et ce jusqu'à nos jours car c'est de la qualité de la littérature tchèque, de sa grandeur ou de sa petitesse, de son courage ou de sa lâcheté, de son provincialisme ou de sa portée universelle que dépend dans une large mesure la réponse à la question de la survie de ce peuple.

Mais est-ce que cette survie en vaut la peine ? Est-ce que la survie de sa langue en vaut, elle aussi, la peine ? Ces questions essentielles, qui furent placées dans les fondements de l'existence moderne de cette nation, attendent toujours des réponses définitives. Alors quiconque mettrait par bigoterie, vandalisme, inculture ou étroitesse d'esprit des bâtons dans les roues du rayonnement culturel en cours, mettrait des bâtons dans les roues de l'existence même de ce peuple.

Traduit du tchèque par Martin Daneš

UN OCCIDENT KIDNAPPÉ

PRÉSENTATION

Paru dans *Le Débat* en novembre 1983 (n° 27), cet article, aussitôt traduit dans la plupart des langues européennes, a eu un impact sans rapport avec sa brièveté. Vingt pages qui, à l'Est, ont déclenché une marée de réactions, discussions, polémiques, venues d'Allemagne et de Russie. Et qui, à l'Ouest, ont contribué, selon une formule de Jacques Rupnik, « à refaçonner la carte mentale de l'Europe » avant 1989 – qu'avaient-elles, ces pages, de si explosif ?

À l'époque où l'Occident ne voyait plus l'Europe centrale que comme une partie du bloc de l'Est, Kundera lui rappelait avec véhémence qu'elle appartenait tout entière par sa culture à l'Occident et que, dans le cas de ces « petites nations » mal assurées de leur existence historique et politique (Pologne, Hongrie, Tchécoslovaquie), la culture avait été et demeurait le sanctuaire de leur identité.

Kundera, très marqué dans sa formation personnelle par le renouveau des arts, de la littérature, du cinéma dans les années soixante en Tchécoslovaquie, voyait dans cette vitalité de la culture une manière d'avoir préparé le Printemps de Prague. Une culture qui n'était pas l'apanage des élites, mais la valeur vivante autour de laquelle se regroupait le peuple. Il élargissait sa réflexion à l'héritage culturel de l'ensemble de l'Europe centrale, avec la « grandiose » révolte de la Hongrie en 1956, et les révoltes polonaises de 1956, 1968, 1970. « L'Europe centrale, le maximum de diversité dans le minimum d'espace. »

Le drame de l'Europe centrale se double de celui de l'Occident, qui ne veut pas le voir et ne s'est même pas aperçu de sa disparition ; qui n'en mesure pas la portée, parce qu'il ne se pense plus lui-même dans sa dimension culturelle. Son unité reposait au Moyen Âge sur la chrétienté, puis aux Temps modernes sur les Lumières. Mais aujourd'hui ? Elle est remplacée par une culture de divertissement, liée aux marchés et aux technologies de l'information. Quel sens alors donner au projet européen ?

La valeur du texte ne vient pas seulement de sa force démonstrative, mais de la voix si personnelle et angoissée de l'auteur, qui s'impose à l'époque comme celle de l'un des plus grands écrivains européens.

« Un Occident kidnappé » a joué un rôle décisif dans la formation d'intellectuels français comme Alain Finkielkraut, dans sa défense des « petites nations » au moment de la guerre de Yougoslavie, dans son livre *La Défaite de la pensée*, en 1987, et, la même année, dans la création de sa revue, *Le Messager européen*. De manière plus insidieuse, il a préparé les esprits à l'élargissement de l'Europe aux pays de l'Est. Qui sait si son influence diffuse n'est pas encore active dans la détermination des pays d'Europe centrale à rester fidèles à leur propre héritage historique et à leur identité culturelle ?

PIERRE NORA

Un Occident kidnappé

OU LA TRAGÉDIE DE L'EUROPE CENTRALE

1983

1

En 1956, au mois de septembre, le directeur de l'agence de presse de Hongrie, quelques minutes avant que son bureau fût écrasé par l'artillerie, envoya par télex dans le monde entier un message désespéré sur l'offensive russe, déclenchée le matin contre Budapest. La dépêche finit par ces mots : « Nous mourrons pour la Hongrie et pour l'Europe. »

Que voulait dire cette phrase ? Elle voulait certainement dire que les chars russes mettaient en danger la Hongrie, et avec elle l'Europe. Mais dans quel sens l'Europe était-elle en danger ? Les chars russes étaient-ils prêts à franchir les frontières hongroises en direction de l'ouest ? Non. Le directeur de l'agence de presse de Hongrie voulut dire que l'Europe était visée en Hongrie même. Il était prêt à mourir pour que la Hongrie restât Hongrie et restât Europe.

Même si le sens de la phrase paraît clair, elle continue à nous intriguer. En effet, ici, en France, en Amérique, on est habitué à penser que ce qui était alors en jeu n'était ni la Hongrie ni l'Europe mais un régime politique. On n'aurait jamais dit que c'était la Hongrie en tant que telle qui était menacée et on comprend encore moins pourquoi un Hongrois confronté à sa propre mort apostrophe l'Europe. Est-ce que Soljenitsyne, quand il dénonce l'oppression communiste, se réclame de l'Europe comme d'une valeur fondamentale pour laquelle il vaut la peine de mourir ?

Non, « mourir pour sa patrie et pour l'Europe », c'est une phrase qui ne pourrait être pensée ni à Moscou ni à Leningrad, mais précisément à Budapest ou à Varsovie.

2

En effet, qu'est-ce que l'Europe pour un Hongrois, un Tchèque, un Polonais ? Dès le commencement, ces nations appartenaient à la partie de l'Europe enracinée dans la chrétienté romaine. Elles participaient à toutes les phases de son histoire. Le mot « Europe » ne représente pas pour elles un phénomène géographique, mais une notion spirituelle qui est synonyme du mot « Occident ». Au moment où la Hongrie n'est plus Europe, c'est-à-dire Occident, elle est éjectée au-delà de son propre destin, au-delà de sa propre histoire ; elle perd l'essence même de son identité.

L'Europe géographique (celle qui va de l'Atlantique à l'Oural) fut toujours divisée en deux moitiés qui évoluaient séparément : l'une liée à l'ancienne Rome et à l'Église catholique (signe particulier : alphabet latin) ; l'autre ancrée dans Byzance et dans l'Église orthodoxe (signe particulier : alphabet cyrillique). Après 1945, la frontière entre ces deux Europes se déplaça de quelques centaines de kilomètres vers l'Ouest, et quelques nations qui s'étaient toujours considérées comme occidentales se réveillèrent un beau jour et constatèrent qu'elles se trouvaient à l'Est.

Par suite, se sont formées après la guerre trois situations fondamentales en Europe : celle de l'Europe occidentale, celle de l'Europe orientale et celle, la plus compliquée, de cette partie de l'Europe située géographiquement au Centre, culturellement à l'Ouest et politiquement à l'Est.

Cette situation contradictoire de l'Europe que j'appelle centrale peut nous faire comprendre pourquoi c'est là que, depuis trente-cinq ans, le drame de l'Europe se concentre : la grandiose révolte hongroise en 1956 avec le massacre sanglant qui l'a suivie ; le Printemps de Prague et l'occupation de la Tchécoslovaquie en 1968 ; les révoltes polonaises en 1956, en 1968, en 1970 et celle des dernières années. Ni par son contenu dramatique ni par sa portée historique, rien de ce qui se passe en Europe géographique, ni à l'ouest ni à l'est, ne peut se comparer avec cette chaîne de révoltes centre-européennes[1]. Chacune de ces révoltes était portée par la quasi-totalité du peuple. S'ils n'avaient pas été soutenus par la

1. Pourrait-on classer parmi ces révoltes celle des ouvriers berlinois en 1953 ? Oui et non. Le destin de l'Allemagne de l'Est a un caractère spécifique. Il n'existe pas deux Polognes ; en revanche, l'Allemagne de l'Est, elle, n'est qu'un morceau de l'Allemagne dont l'existence nationale n'est nullement menacée. Ce morceau joue dans les mains des Russes le rôle d'un otage à l'égard de qui l'Allemagne de l'Ouest et l'URSS mènent une politique très spéciale, qui ne s'applique pas aux nations centre-européennes et qui un jour se fera, me semble-t-il, à leurs frais. C'est peut-être la raison pour laquelle la sympathie n'est guère spontanée entre les Allemands de l'Est et les autres. On l'a bien vu quand les cinq armées du pacte de Varsovie occupèrent la Tchécoslovaquie. Les Russes, les Bulgares, les Allemands de l'Est étaient redoutables et redoutés. En revanche, je pourrais raconter des dizaines d'histoires sur les Polonais et les Hongrois qui faisaient l'impossible pour donner à voir leur désaccord avec l'occupation et la sabotaient franchement. Si on ajoute à cette connivence polono-hongro-tchèque l'aide vraiment enthousiaste que l'Autriche offrait alors aux Tchèques et la fureur antisoviétique qui s'empara des Yougoslaves, on constate que l'occupation de la Tchécoslovaquie fit émerger d'emblée l'espace traditionnel de l'Europe centrale avec une frappante clarté.

Russie, les régimes là-bas n'auraient pu résister plus de trois heures. Cela dit, ce qui se passait à Prague ou à Varsovie ne peut être considéré dans son essence comme le drame de l'Europe de l'Est, du bloc soviétique, du communisme, mais précisément comme celui de l'Europe centrale.

En effet, ces révoltes-là, soutenues par la totalité de la population, sont impensables en Russie. Mais elles sont impensables même en Bulgarie, pays qui, comme tout le monde sait, est la partie la plus stable du bloc communiste. Pourquoi ? Parce que la Bulgarie fait partie, depuis ses origines, de la civilisation de l'Est, grâce à la religion orthodoxe, dont les premiers missionnaires étaient d'ailleurs bulgares. Les conséquences de la dernière guerre signifient donc pour les Bulgares un changement politique, certes, considérable et regrettable (les droits de l'homme y sont non moins bafoués qu'à Budapest), mais non pas ce choc des civilisations qu'elles représentent pour les Tchèques, pour les Polonais, pour les Hongrois.

3

L'identité d'un peuple ou d'une civilisation se reflète et se résume dans l'ensemble des créations spirituelles qu'on appelle d'habitude « culture ». Si cette identité est mortellement menacée, la vie culturelle s'intensifie, s'exacerbe, et la culture devient la valeur vivante autour de laquelle tout le peuple se regroupe. C'est pourquoi, dans toutes les révoltes centre-européennes, la mémoire culturelle ainsi que la création contemporaine ont joué un rôle aussi grand et aussi décisif que nulle part et jamais dans aucune révolte populaire européenne[1].

Des écrivains, regroupés dans un cercle qui portait le nom du poète romantique Petöfi, déclenchèrent en Hongrie une grande réflexion critique et préparèrent ainsi l'explosion de 1956. Ce sont le théâtre, le film, la littérature, la philosophie qui travaillèrent pendant des années à l'émancipation libertaire du Printemps de Prague. Ce fut l'interdiction d'un spectacle de Mickiewicz, le plus grand poète romantique polonais, qui déclencha la fameuse révolte des étudiants polonais en 1968. Ce mariage heureux de la culture et de la vie, de la création et du

1. Le paradoxe est difficile à comprendre pour l'observateur extérieur : l'époque d'après 1945 est à la fois la plus tragique de l'Europe centrale, mais aussi une des plus grandes de son histoire culturelle. Que ce soit en exil (Gombrowic, Milosz), sous la forme d'une création clandestine (Tchécoslovaquie après 1968) ou, enfin, comme activité tolérée par les autorités obligées de céder devant la pression de l'opinion publique, le film, le roman, le théâtre, la philosophie nés là-bas pendant cette période représentent des sommets de la création européenne.

peuple marqua les révoltes centre-européennes d'une inimitable beauté, dont nous, qui les avons vécues, resterons envoûtés à jamais.

Ce que je trouve beau, dans le sens le plus profond de ce mot, un intellectuel allemand ou français le trouve plutôt suspect. Il a l'impression que ces révoltes ne peuvent être authentiques et vraiment populaires si elles subissent une influence trop grande de la culture. C'est bizarre, mais pour certains la culture et le peuple sont deux notions incompatibles. L'idée de culture se confond à leurs yeux avec l'image d'une élite des privilégiés. C'est pourquoi ils ont accueilli le mouvement de Solidarité avec beaucoup plus de sympathie que les révoltes précédentes. Or, quoi qu'on en dise, le mouvement de Solidarité ne se distingue pas dans son essence de ces dernières, il n'est que leur apogée : l'union la plus parfaite (la plus parfaitement organisée) du peuple et de la tradition culturelle persécutée, négligée ou brimée, du pays.

4

On peut me dire ceci : admettons que les pays centre-européens défendent leur identité menacée, mais cela ne rend pas leur situation si spécifique. La Russie se trouve dans une situation pareille. Elle aussi est en train de perdre son identité. En effet, ce n'est pas la Russie mais le communisme qui prive les nations de leur essence et qui, d'ailleurs, fit du peuple russe sa première victime. Certes, la langue russe étouffe les langues des autres nations de l'Empire ; mais ce n'est pas que les Russes veuillent russifier les autres, c'est que la bureaucratie soviétique profondément a-nationale, contre-nationale, supra-nationale a besoin d'un outil technique pour unifier son État.

Je comprends cette logique, et je comprends aussi la vulnérabilité des Russes qui souffrent à l'idée qu'on puisse confondre le communisme haï avec leur patrie aimée.

Mais il faut comprendre aussi un Polonais, dont la patrie, avec l'exception d'une courte période entre les deux guerres, est asservie par la Russie depuis deux siècles et a subi pendant tout ce temps une russification aussi patiente qu'implacable.

À la frontière orientale de l'Occident qu'est l'Europe centrale, on a toujours été plus sensible au danger de la puissance russe. Et non seulement les Polonais. Frantisek Palacky, le grand historien et la personnalité la plus représentative de la politique tchèque du XIXe siècle, écrivit en 1848 la lettre fameuse au parlement révolutionnaire de Francfort par laquelle il justifiait l'existence de l'Empire des Habsbourg, seul rempart possible contre la Russie, « cette puissance qui, ayant aujourd'hui une grandeur énorme, augmente sa force plus que ne pourrait le faire aucun pays occidental ». Palacky met en garde contre les ambitions impériales de la Russie, qui tente de devenir « monarchie universelle », c'est-à-dire qui aspire à la domination mondiale. La « monarchie universelle de la Russie, dit Palacky, serait le malheur immense et indicible, le malheur sans mesure et sans limites ».

Selon Palacky, l'Europe centrale aurait dû être le foyer des nations égales qui, avec un respect mutuel, à l'abri d'un État commun et fort, cultiveraient leurs originalités diverses. Bien qu'il ne se soit jamais pleinement réalisé, ce rêve, partagé par tous les grands esprits centre-européens, n'en est pas moins resté puissant et influent. L'Europe centrale voulait être l'image condensée de l'Europe et de sa richesse variée, une petite Europe archieuropéenne, modèle miniaturisé de l'Europe des nations conçue sur la règle : le maximum de diversité sur le minimum d'espace. Comment pouvait-elle ne pas être horrifiée par la Russie qui, en face d'elle, se fondait sur la règle opposée : le minimum de diversité sur l'espace maximal ?

En effet, rien ne pouvait être plus étranger à l'Europe centrale et à sa passion de diversité que la Russie, uniforme, uniformisante, centralisatrice, qui transformait avec une détermination redoutable toutes les nations de son empire

(Ukrainiens, Biélorusses, Arméniens, Lettons, Lituaniens, etc.) en un seul peuple russe (ou, comme on préfère dire aujourd'hui, à l'époque de la mystification généralisée du vocabulaire, en un seul peuple soviétique).

Cela dit, le communisme est-il la négation de l'histoire russe ou bien plutôt son accomplissement ?

Il est certainement à la fois sa négation (négation de sa religiosité, par exemple) et son accomplissement (accomplissement de ses tendances centralisatrices et de ses rêves impériaux).

Vu de l'intérieur de la Russie, le premier aspect, celui de la discontinuité, est plus frappant. Du point de vue des pays asservis, c'est le deuxième aspect, celui de la continuité, qui est le plus fortement ressenti[1].

5

Mais ne suis-je pas en train d'opposer la Russie à la civilisation occidentale d'une façon trop

1. Leszek Kołakowski dit (*Zeszyty literacke* n° 2, Paris, 1983) : « Bien que je croie, comme Soljenitsyne, que le système soviétique a surpassé le tsarisme par son caractère oppressif... je n'irai pas jusqu'à idéaliser le système contre lequel mes ancêtres se sont battus dans des conditions terribles, sont morts, ont été torturés et ont subi des humiliations... Je crois que Soljenitsyne a tendance à idéaliser le tsarisme, ce que ni moi ni, sans doute, aucun autre Polonais ne peut accepter. »

absolue ? L'Europe, bien que divisée en ses parties occidentale et orientale, n'est-elle pas malgré tout une seule entité, ancrée dans l'ancienne Grèce et dans la pensée dite judéo-chrétienne ?

Bien entendu. Les lointaines racines antiques unissent la Russie avec nous. Durant tout le XIXe siècle, la Russie, d'ailleurs, se rapprochait de l'Europe. La fascination était réciproque. Rilke proclama la Russie sa patrie spirituelle et personne n'échappa à la force du grand roman russe, qui reste inséparable de la culture européenne commune.

Oui, tout cela est vrai et les fiançailles culturelles des deux Europes resteront un grand souvenir[1]. Mais il est non moins vrai que le communisme russe ranima vigoureusement les vieilles obsessions antioccidentales de la Russie et l'arracha brutalement à l'histoire occidentale.

Je veux souligner encore une fois ceci : c'est

1. Le plus beau mariage russo-occidental est l'œuvre de Stravinski, qui résume toute l'histoire millénaire de la musique occidentale et reste en même temps, par son imagination musicale, profondément russe. Un autre excellent mariage fut conclu en Europe centrale dans deux magnifiques opéras d'un grand russophile, Leos Janacek : l'un d'après Ostrovski (*Katia Kabanova*, 1924), l'autre, que j'admire infiniment, d'après Dostoïevski (*De la maison morte*, 1928). Mais il est très symptomatique que ces opéras n'aient jamais été joués en Russie et que leur existence même y soit inconnue. La Russie communiste refuse les mésalliances avec l'Occident.

à la frontière orientale de l'Occident que, mieux qu'ailleurs, on perçoit la Russie comme un Anti-Occident ; elle apparaît non seulement comme une des puissances européennes parmi d'autres mais comme une civilisation particulière, comme une *autre* civilisation.

Czeslav Milosz en parle dans son livre *Une autre Europe* : aux XVIe et XVIIe siècles, les Moscovites apparaissent aux Polonais comme « des barbares contre qui on guerroyait sur des frontières lointaines. On ne s'intéressait pas spécialement à eux... De cette époque où ils ne trouvent que le vide à l'est dérive chez les Polonais la conception d'une Russie située "à l'extérieur", en dehors du monde[1]. »

Apparaissent comme « barbares » ceux qui représentent un autre univers. Les Russes le représentent pour les Polonais, toujours. Kasimierz Brandys raconte cette belle histoire : un écrivain polonais rencontra Anna Akhmatova, la grande poétesse russe. Le Polonais se plaignait de sa situation : toutes ses oeuvres étaient

1. Même le prix Nobel n'a pas secoué la stupide indifférence des éditeurs européens à l'égard de Milosz. En fin de compte, il est trop subtil et trop grand poète pour devenir une personnalité de notre temps. Ses deux livres d'essais, *La Pensée captive* (1953) et *Une autre Europe* (1959), d'où je tire ma citation, sont les premières analyses fines, non manichéennes, du communisme russe et de son *Drang nach West*.

interdites. Elle l'interrompit : « Avez-vous été emprisonné ? » Le Polonais répondit que non. « Êtes-vous au moins chassé de l'Union des écrivains ? — Non. — Alors, de quoi vous plaignez-vous ? » Akhmatova était sincèrement intriguée.

Et Brandys commente : « Telles sont les consolations russes. Rien ne leur paraît assez horrible en comparaison du destin de la Russie. Mais ces consolations n'ont aucun sens. Le destin russe ne fait pas partie de notre conscience ; il nous est étranger ; nous n'en sommes pas responsables. Il pèse sur nous, mais il n'est pas notre héritage. Tel était aussi mon rapport à la littérature russe. Elle m'a effrayé. Jusqu'aujourd'hui je suis horrifié par certaines nouvelles de Gogol et par tout ce qu'écrit Saltykov-Chtchedrine. Je préférerais ne pas connaître leur monde, ne pas savoir qu'il existe[1]. »

Les mots sur Gogol n'expriment pas, bien entendu, un refus de l'art de Gogol, mais l'horreur du *monde* que cet art évoque : ce monde nous envoûte et nous attire quand il est loin, et il révèle toute sa terrible étrangeté dès qu'il nous

1. J'ai lu d'une seule haleine le manuscrit de la traduction américaine de ce livre de Brandys qui s'intitule en polonais *Miesiace* (Les Mois), en anglais *Warsaw Diary*. Si vous ne voulez pas rester à la surface des commentaires politiques et pénétrer l'essentiel du drame polonais, je vous prie de ne pas manquer ce grand livre !

encercle de près : il possède une autre dimension (plus grande) du malheur, une autre image de l'espace (espace si immense que des nations entières s'y perdent), un autre rythme du temps (lent et patient), une autre façon de rire, de vivre, de mourir[1].

C'est pourquoi l'Europe que j'appelle centrale ressent le changement de son destin après 1945 non seulement comme une catastrophe politique mais comme la mise en question de sa civilisation. Le sens profond de leur résistance, c'est la défense de leur identité ; ou, autrement dit : c'est la défense de leur occidentalité.

6

On ne se fait plus d'illusions sur les régimes des pays satellites de la Russie. Mais on oublie

1. Le texte le plus beau et le plus lucide que j'aie jamais lu sur la Russie en tant que civilisation particulière est celui de Cioran, intitulé *La Russie et le virus de la liberté*, publié dans son livre *Histoire et utopie* (1960). *La Tentation d'exister* (1956) contient d'autres excellentes pensées sur la Russie et sur l'Europe. Cioran est, me semble-t-il, l'un des rares penseurs qui pose encore la question démodée de l'Europe, dans sa pleine dimension. C'est d'ailleurs non pas Cioran-écrivain français qui la pose, mais Cioran-Centre-Européen, venu de la Roumanie, pays « constitué pour disparaître, organisé à merveille pour être englouti » (*La Tentation d'exister*). On ne pense l'Europe qu'en Europe engloutie.

l'essence de leur tragédie : ils ont disparu de la carte de l'Occident.

Comment expliquer que cette face du drame soit restée quasi invisible ?

On peut l'expliquer en mettant en cause d'abord l'Europe centrale elle-même.

Les Polonais, les Tchèques, les Hongrois avaient eu une histoire mouvementée, fragmentée, et une tradition d'État moins forte et moins continue que celle des grands peuples européens. Coincées d'un côté par les Allemands, de l'autre côté par les Russes, ces nations, dans la lutte pour leur survie et pour leur langue, épuisèrent trop de forces. N'étant pas en mesure de s'introduire suffisamment dans la conscience européenne, elles restaient la partie la moins connue et la plus fragile de l'Occident, cachées, en outre, derrière le rideau des langues bizarres et mal accessibles.

L'Empire autrichien tenait une grande occasion de créer en Europe centrale un État fort. Hélas, les Autrichiens étaient divisés entre le nationalisme arrogant de la grande Allemagne et leur propre mission centre-européenne. Ils ne réussirent pas à bâtir un État fédératif de nations égales, et leur échec devint malheur pour l'Europe tout entière. Insatisfaites, les autres nations centre-européennes firent éclater l'Empire en 1918, sans se rendre compte que, malgré ses insuffisances, il était irremplaçable. Ainsi, après la Première Guerre mondiale, l'Europe centrale se transforma en une zone de petits États vulnérables, dont la faiblesse permit ses premières conquêtes à Hitler et le triomphe final de Staline. Peut-être, dans l'inconscient collectif européen, ces pays représentent-ils toujours de dangereux semeurs de troubles.

Et, pour tout dire, je vois enfin la faute de l'Europe centrale dans ce que j'appellerai l'« idéologie du monde slave ». Je dis bien « idéologie », car ce n'est qu'une mystification politique fabriquée au XIXe siècle. Les Tchèques (malgré l'avertissement sévère de leurs personnalités les plus représentatives) aimaient la brandir en se défendant naïvement contre l'agressivité allemande ; les Russes, en revanche, s'en servirent volontiers pour justifier leurs visées impériales. « Les Russes aiment appeler slave tout ce qui est russe pour pouvoir plus tard nommer russe tout ce qui est slave », proclama déjà en 1844 le grand écrivain tchèque Karel Havlicek[1], qui mettait ses compatriotes en

1. Karel Havlicek Borovsky avait vingt-deux ans quand il partit en 1843 pour la Russie, où il resta pendant un an. Il y arriva comme un slavophile enthousiaste pour y devenir rapidement l'un des critiques les plus sévères de la Russie. Il formula ses opinions dans des lettres et des articles, recueillis plus tard dans un petit livre. Voilà d'autres « lettres de Russie »

garde contre leur russophilie bête et irréaliste. Irréaliste, car pendant leur histoire millénaire les Tchèques n'eurent jamais aucun contact direct avec la Russie. Malgré la parenté linguistique, ils ne faisaient aucun *monde* commun avec eux, aucune histoire commune, aucune culture commune, tandis que les rapports des Polonais avec les Russes n'étaient qu'une lutte à la vie et à la mort.

Il y a à peu près soixante ans, Josef Konrad Korzeniowsky, connu sous le nom de Joseph Conrad, irrité par l'étiquette d'« âme slave » qu'on aimait à plaquer sur lui et sur ses livres à cause de son origine polonaise, écrivit : « Rien n'est plus étranger que ce qu'on appelle, dans le monde littéraire, l'"esprit slave", au tempérament polonais avec son sentiment chevaleresque des contraintes morales et son respect exagéré des droits individuels. » (Comme je le

écrites presque la même année que celles de Custine. Elles correspondent aux jugements du voyageur français. (Les ressemblances sont souvent amusantes. Custine : « Si votre fils est mécontent de la France, suivez mon conseil : dites-lui qu'il aille en Russie. Qui a connu ce pays à fond sera pour toujours content de vivre ailleurs. » Havlicek : « Si vous voulez rendre un vrai service aux Tchèques, payez-leur un voyage à Moscou ! ») Cette ressemblance est d'autant plus importante que Havlicek, plébéien, patriote tchèque, ne peut pas être soupçonné de parti pris ou de préjugés antirusses. Havlicek est la personnalité très représentative de la politique tchèque du XIXe siècle, vu l'influence qu'il a exercée sur Palacky et surtout sur Masaryk.

comprends ! Moi non plus je ne connais rien de plus ridicule que ce culte des profondeurs obscures, cette sentimentalité aussi bruyante que vide qu'on appelle l'« âme slave » et qu'on m'attribue de temps en temps[1] !)

N'empêche que l'idée du monde slave devint le lieu commun de l'historiographie mondiale[2]. La division de l'Europe après 1945, qui unifia ce prétendu « monde » (en y incluant aussi les pauvres Hongrois et Roumains dont la langue, bien entendu, n'est pas slave ; mais qui s'oc-

1. Il y a un petit livre amusant qui s'appelle *How to be an Alien* où, dans le chapitre intitulé « Soul and understatement », l'auteur parle de l'âme slave. « La pire sorte d'âme est la grande âme slave. Ceux qui la possèdent sont d'habitude de très profonds penseurs. Ils aiment dire, par exemple : "Il y a des moments où je suis si gai et il y a des moments où je suis si triste. Comment pouvez-vous me l'expliquer ?" Ou bien : "Je suis si énigmatique. Il y a des moments où je voudrais être quelqu'un d'autre, pas celui que je suis." Ou bien : "Quand je suis seul dans une forêt à minuit et quand je saute d'un arbre à l'autre, je pense souvent que la vie est étrange." »

Qui ose se moquer de la grande âme slave ? Bien entendu, l'auteur est d'origine hongroise, George Mikes. C'est seulement en Europe centrale que l'âme slave paraît ridicule.

2. Ouvrez par exemple l'*Histoire universelle* de l'Encyclopédie de la Pléiade. Vous trouverez le réformateur de l'Église catholique, Jan Hus, dans le même chapitre, non pas avec Luther, mais avec Ivan le Terrible ! Et vous chercherez vainement un texte essentiel sur la Hongrie. Comme ils ne peuvent pas être classés dans le « monde slave », les Hongrois n'ont aucune place sur la carte de l'Europe.

cuperait d'un tel détail ?) a pu ainsi apparaître comme une solution presque naturelle.

7

Est-ce donc la faute de l'Europe centrale si l'Occident ne s'est même pas aperçu de sa disparition ?

Pas entièrement. Au commencement de notre siècle, elle devint, malgré sa faiblesse politique, un grand centre de culture, peut-être le plus grand. À cet égard, l'importance de Vienne est aujourd'hui bien connue, mais on ne peut jamais suffisamment souligner que l'originalité de la capitale autrichienne est impensable sans l'arrière-fond des autres pays et des villes qui, d'ailleurs, participaient eux-mêmes par leur propre créativité à l'ensemble de la culture centre-européenne. Si l'école de Schönberg fonda le système dodécaphonique, le Hongrois Béla Bartók, selon moi un des deux ou trois plus grands musiciens du XXe siècle, sut encore trouver la dernière possibilité originale de la musique fondée sur le principe tonal. Prague créa, avec l'œuvre de Kafka et de Hasek, un grand pendant romanesque à l'œuvre des Viennois Musil et Broch. Le dynamisme culturel des pays non germanophones s'intensifia encore après 1918 quand Prague apporta au monde l'initiative du cercle linguistique de Prague et de sa pensée structuraliste[1]. La grande trinité Gombrowicz, Schulz, Witkiewicz préfigura en Pologne le modernisme européen des années cinquante, notamment le théâtre dit de l'absurde.

Une question se pose : toute cette grande explosion créative était-elle seulement une coïncidence géographique ? Ou était-elle enracinée dans une longue tradition, dans un passé ? Autrement dit : peut-on parler de l'Europe centrale comme d'un véritable ensemble culturel qui

1. En effet, la pensée structuraliste est née vers la fin des années vingt dans le cercle linguistique de Prague. Celui-ci était composé de savants tchèques, russes, allemands et polonais. C'est dans ce milieu très cosmopolite que, pendant les années trente, Mukarovsky élabora son esthétique structurale. Le structuralisme praguois était enraciné organiquement dans le formalisme tchèque du XIXe siècle. (Les tendances formalistes étaient en Europe centrale plus fortes qu'ailleurs grâce, me semble-t-il, à la place dominante qu'y occupait la musique et, partant, la musicologie qui est « formaliste » par son essence.) S'inspirant des impulsions récentes du formalisme russe, Mukarovsky en dépassait radicalement son caractère unilatéral. Les structuralistes ont été les alliés des poètes et des peintres de l'avant-garde praguoise (anticipant ainsi l'alliance qui s'est créée en France trente ans plus tard). Ils ont protégé par leur influence l'art de l'avant-garde contre l'interprétation étroitement idéologique qui accompagnait partout l'art moderne. L'œuvre de Mukarovsky, connue dans le monde entier, n'a jamais été publiée en France.

a sa propre histoire ? Et si un tel ensemble existe, peut-on le définir géographiquement ? Quelles sont ses frontières ?

Il serait vain de les vouloir définir avec exactitude. Car l'Europe centrale n'est pas un État, mais une culture ou un destin. Ses frontières sont imaginaires et doivent être tracées et retracées à partir de chaque situation historique nouvelle.

Par exemple, déjà au milieu du XIVe siècle, l'université Charles regroupa à Prague des intellectuels (professeurs et étudiants) tchèques, autrichiens, bavarois, saxons, polonais, lituaniens, hongrois et roumains, avec, déjà, en germe, l'idée d'une communauté multinationale où chacun a droit à sa propre langue : en effet, c'est sous l'influence indirecte de cette Université (le réformateur Jan Hus y était recteur) que sont nées alors les premières traductions de la Bible en hongrois et en roumain.

Les autres situations suivirent : la révolution hussite ; le rayonnement international de la Renaissance hongroise à l'époque de Mathias Korvin ; la formation de l'Empire des Habsbourg comme l'union personnelle de trois États indépendants : la Bohême, la Hongrie et l'Autriche ; les guerres contre les Turcs ; la Contre-Réforme au XVIIe siècle. À cette époque, la spécificité culturelle centre-européenne resurgit avec éclat grâce à l'extraordinaire épanouissement de l'art baroque, qui unit cette vaste région, de Salzbourg jusqu'à Wilno. Alors sur la carte européenne, l'Europe centrale baroque (caractérisée par la prédominance de l'irrationnel et par le rôle dominant des arts plastiques et surtout de la musique) devint le pôle opposé de la France classique (caractérisée par la prédominance du rationnel et par le rôle dominant de la littérature et de la philosophie). En ce temps du baroque se trouvent les racines de l'extraordinaire essor de la musique centre-européenne qui, de Haydn à Schönberg, de Liszt à Bartók, condense, en elle seule, l'évolution de toute la musique européenne.

Au XIXe siècle, les luttes nationales (celles des Polonais, des Hongrois, des Tchèques, des Croates, des Slovènes, des Roumains, des Juifs) opposaient l'une à l'autre des nations qui, bien qu'insolidaires, isolées et renfermées chacune en elle-même, vivaient pourtant la même grande expérience existentielle commune : celle d'une nation qui choisit entre son existence et sa non-existence ; autrement dit, entre sa vie nationale authentique et l'assimilation à une plus grande nation.

Même les Autrichiens, la nation dominante de l'Empire, n'ont pu échapper à la nécessité de ce choix ; ils ont dû choisir entre leur identité autrichienne et leur fusion en la plus grande entité allemande. Les Juifs, eux non plus, ne pouvaient éviter cette question. En refusant l'assimilation, le sionisme, né d'ailleurs aussi en Europe centrale, n'a choisi que la voie de toutes les nations centre-européennes.

Le XXe siècle a vu d'autres situations : l'écroulement de l'Empire, l'annexion russe et la longue période des révoltes centre-européennes, qui ne sont qu'un immense pari sur la solution inconnue.

Ce qui définit et détermine l'ensemble centre-européen ne peut donc pas être les frontières politiques (qui sont inauthentiques, toujours imposées par des invasions, des conquêtes et des occupations) mais les *grandes situations communes* qui rassemblent des peuples, et les regroupent toujours différemment, dans des frontières imaginaires et toujours changeantes, à l'intérieur desquelles subsistent la même mémoire, la même expérience, la même communauté de tradition.

8

Les parents de Sigmund Freud venaient de Pologne, mais c'est en Moravie, mon pays natal, que le petit Sigmund passa son enfance, de même qu'Edmund Husserl et Gustav Mahler ; le romancier viennois Joseph Roth, lui aussi, eut ses racines en Pologne ; le grand poète tchèque, Julius Zeyer, naquit à Prague dans une famille germanophone et la langue tchèque était celle de son choix. En revanche, la langue maternelle de Hermann Kafka fut le tchèque, tandis que son fils Franz adopta entièrement la langue allemande. L'écrivain Tibor Déry, la personnalité clé de la révolte hongroise en 1956, était d'une famille germano-hongroise, et mon cher Danilo Kis, excellent romancier, est un Hongro-Yougoslave. Quel enchevêtrement de destins nationaux chez les personnalités les plus représentatives !

Et tous ceux que je viens de nommer sont juifs. En effet, aucune partie du monde n'a été aussi profondément marquée par le génie juif. Étrangers partout et partout chez eux, élevés au-dessus des querelles nationales, les Juifs étaient au XXe siècle le principal élément cosmopolite et intégrateur de l'Europe centrale, son ciment intellectuel, condensation de son esprit, créateur de son unité spirituelle. C'est pourquoi je les aime et je tiens à leur héritage avec passion et nostalgie comme si c'était mon propre héritage personnel.

Une autre chose me rend la nation juive si chère ; c'est dans son destin que le sort centre-européen me semble se concentrer, se refléter, trouver son image symbolique. Qu'est-ce que l'Europe centrale ? La zone incertaine de petites nations entre la Russie et l'Allemagne. Je souligne les mots : *petite nation.* En effet, que sont-ils, les Juifs, sinon une petite nation, *la* petite nation par excellence ? La seule de toutes les petites nations de tous les temps qui ait survécu aux empires et à la marche dévastatrice de l'Histoire.

Mais qu'est-ce que la petite nation ? Je vous propose ma définition : la petite nation est celle dont l'existence peut être à n'importe quel moment mise en question, qui peut disparaître, et qui le sait. Un Français, un Russe, un Anglais n'ont pas l'habitude de se poser des questions sur la survie de leur nation. Leurs hymnes ne parlent que de grandeur et d'éternité. Or, l'hymne polonais commence par le vers : « La Pologne n'a pas encore péri... »

L'Europe centrale en tant que foyer de petites nations a sa propre vision du monde, vision basée sur la méfiance profonde à l'égard de l'Histoire. L'Histoire, cette déesse de Hegel et de Marx, cette incarnation de la Raison qui nous juge et qui nous arbitre, c'est l'Histoire des vainqueurs. Or, les peuples centre-européens ne sont pas vainqueurs. Ils sont inséparables de l'Histoire européenne, ils ne pourraient exister sans elle, mais ils ne représentent que l'envers de cette Histoire, ses victimes et ses outsiders. C'est dans cette expérience historique désenchantée qu'est la source de l'originalité de leur culture, de leur sagesse, de leur « esprit de non-sérieux » qui se moque de la grandeur et de la gloire. « N'oublions pas que ce n'est qu'en s'opposant à l'Histoire en tant que telle que nous pouvons nous opposer à celle d'aujourd'hui. » J'aimerais graver cette phrase de Witold Gombrowicz sur la porte d'entrée de l'Europe centrale[1].

Voilà pourquoi dans cette région de petites nations qui « n'ont pas encore péri », la vulnérabilité de l'Europe, de toute l'Europe, fut visible plus clairement et plus tôt qu'ailleurs. En effet, dans notre monde moderne, où le pouvoir a tendance à se concentrer de plus en plus entre les mains de quelques grands, *toutes* les nations européennes risquent de devenir bientôt petites nations et de subir leur sort. En ce sens-là, le

1. Au sujet de la « vision centre-européenne du monde », j'ai lu deux livres que j'apprécie beaucoup : l'un, plus littéraire, s'appelle *L'Europe centrale : l'anecdote et l'histoire* ; il est anonyme (signé : Josef K.) et circule, dactylographié, à Prague ; l'autre, plus philosophique, s'appelle *Il mondo della vita : un problema politico* ; l'auteur en est un philosophe génois, Vaclav Belohradsky. Ce livre, paru en français chez Verdier, mérite une grande attention. La problématique centre-européenne est, depuis un an, développée dans un très important périodique édité par l'université du Michigan : *Cross Currents, a Yearbook of Central European Culture*.

destin de l'Europe centrale apparaît comme l'anticipation du destin européen en général, et sa culture prend d'emblée une énorme actualité.

Il suffit de lire les plus grands romans centre-européens[1] : dans *Les Somnambules*, de Broch, l'Histoire apparaît comme un processus de la dégradation des valeurs ; *L'Homme sans qualités*, de Musil, dépeint une société euphorique, qui ne sait pas que demain elle va disparaître ; dans *Le Brave Soldat Chveik*, de Hasek, la simulation de l'idiotie est la dernière possibilité de garder sa liberté ; les visions romanesques de Kafka nous parlent du monde sans mémoire, du monde après le temps historique. Toute la grande création centre-européenne, de notre siècle jusqu'à nos jours, pourrait être comprise comme une longue méditation sur la fin possible de l'humanité européenne.

9

Aujourd'hui, l'Europe centrale est asservie par la Russie, à l'exception de la petite Autriche qui,

1. L'écrivain français qui se réclame depuis toujours du roman centre-européen (celui-ci ne se limite pas pour lui aux romanciers viennois, mais englobe aussi le roman tchèque et polonais) est Pascal Lainé. Il en dit des choses intéressantes dans son livre d'interviews *Si j'ose dire* (Mercure de France).

plutôt par chance que par nécessité, a gardé son indépendance mais qui, arrachée à l'ambiance centre-européenne, perd la grande partie de sa spécificité et toute son importance. La disparition du foyer culturel centre-européen fut certainement un des plus grands événements du siècle pour toute la civilisation occidentale. Je répète donc ma question : comment est-il possible qu'il soit resté inaperçu et innommé ?

Ma réponse est simple : l'Europe n'a pas remarqué la disparition de son grand foyer culturel, parce que l'Europe ne ressent plus son unité comme unité culturelle.

Sur quoi, en effet, repose l'unité de l'Europe ?

Au Moyen Âge, elle reposa sur la religion commune.

Dans les Temps modernes, quand le Dieu médiéval se transforma en *Deus absconditus*, la religion céda la place à la culture, qui devint la réalisation des valeurs suprêmes par lesquelles l'humanité européenne se comprenait, se définissait, s'identifiait.

Or, il me semble que dans notre siècle un autre changement arrive, aussi important que celui qui sépare l'époque médiévale des Temps modernes. De même que Dieu céda, jadis, sa place à la culture, la culture à son tour cède aujourd'hui la place.

Mais à quoi et à qui ? Quel est le domaine où

se réaliseront des valeurs suprêmes susceptibles d'unir l'Europe ? Les exploits techniques ? Le marché ? Les médias ? (Le grand poète sera-t-il remplacé par le grand journaliste ?) Ou bien la politique ? Mais laquelle ? Celle de droite ou celle de gauche ? Existe-t-il encore, au-dessus de ce manichéisme aussi bête qu'insurmontable, un idéal commun perceptible ? Est-ce le principe de la tolérance, le respect de la croyance et de la pensée d'autrui ? Mais cette tolérance, si elle ne protège plus aucune création riche et aucune pensée forte, ne devient-elle pas vide et inutile ? Ou bien peut-on comprendre la démission de la culture comme une sorte de délivrance, à laquelle il faut s'abandonner dans l'euphorie ? Ou bien le *Deus absconditus* reviendra-t-il pour occuper la place libérée et pour se rendre visible ? Je ne sais pas, je n'en sais rien. Je crois seulement savoir que la culture a cédé sa place.

Hermann Broch fut obsédé par cette idée dès les années trente. Il dit, par exemple : « La peinture est devenue une affaire totalement ésotérique et qui relève du monde des musées ; il n'existe plus d'intérêt pour elle et pour ses problèmes, elle est presque le reliquat d'une période passée. »

Ces paroles étaient surprenantes à l'époque ; elles ne le sont pas aujourd'hui. J'ai fait dans les années passées un petit sondage pour moi-même, en demandant innocemment aux gens que j'ai rencontrés quel est leur peintre contemporain préféré. J'ai constaté que personne n'avait un peintre contemporain préféré et que la plupart n'en connaissaient même aucun.

Voilà une situation impensable, il y a encore trente ans, quand la génération de Matisse et de Picasso était en vie. Entre-temps la peinture perdit son poids, elle devint activité marginale. Est-ce parce qu'elle n'était plus bonne ? Ou parce que nous avons perdu le goût et le sens pour elle ? Toujours est-il que l'art qui créa le style des époques, qui accompagna l'Europe pendant des siècles, nous abandonne, ou bien nous l'abandonnons.

Et la poésie, la musique, l'architecture, la philosophie ? Elles ont perdu, elles aussi, la capacité de forger l'unité européenne, d'être sa base. C'est un changement aussi important pour l'humanité européenne que la décolonisation de l'Afrique.

10

Franz Werfel passa le premier tiers de sa vie à Prague, l'autre à Vienne, le troisième en émigration, en France, d'abord, puis en Amérique ; voilà une biographie typiquement centre-européenne. En 1937 il se trouve, avec sa femme, la fameuse Alma, veuve de Mahler, à Paris, invité par l'Organisation de coopération intellectuelle de la Société des Nations à un colloque qui devait traiter de « l'avenir de la littérature ». Dans sa conférence, Werfel s'opposa non seulement à l'hitlérisme, mais au danger totalitaire en général, à l'abêtissement idéologique et journalistique de notre temps, qui allait tuer la culture. Il termina sa conférence par une proposition qu'il pensait susceptible de freiner le processus infernal : fonder une académie mondiale des poètes et des penseurs (*Weltakademie der Dichter und Denker*). En aucun cas, ses membres ne devraient être délégués par des États. Le choix des membres devrait être effectué seulement en fonction de la valeur de leur œuvre. Le nombre de membres, des plus grands écrivains du monde, devrait se situer entre vingt-quatre et quarante. La mission de cette académie, indépendante de la politique et de la propagande, serait de « faire face à la politisation et à la barbarisation du monde ».

Non seulement cette proposition ne fut pas acceptée, mais on la railla franchement. Bien entendu, elle était naïve. Terriblement naïve. Dans le monde absolument politisé, où les artistes et penseurs étaient déjà tous irrémédiablement « engagés », comment créer cette académie indépendante ? Elle ne pouvait qu'avoir l'air comique d'un rassemblement de belles âmes.

Et pourtant, cette proposition naïve me paraît émouvante, parce qu'elle trahit le besoin désespéré de trouver encore une autorité morale dans un monde dépourvu de valeurs. Elle n'était que désir angoissé de faire entendre la voix inaudible de la culture, la voix des *Dichter und Denker*[1].

Cette histoire se confond dans ma mémoire avec le souvenir du matin où, après la fouille de son appartement, la police confisqua mille pages de son manuscrit philosophique à mon ami, philosophe tchèque célèbre. Ce jour même, nous

1. La conférence de Werfel elle-même n'était pas du tout naïve et elle n'a pas vieilli. Elle me rappelle une autre conférence, celle que Robert Musil a lue en 1935 au Congrès pour la défense de la culture à Paris. De même que Werfel, il voit le danger non seulement dans le fascisme mais aussi dans le communisme. La défense de la culture ne signifie pas pour lui l'engagement de la culture dans une lutte politique (comme tout le monde la comprenait à l'époque) mais au contraire dans la protection de la culture contre l'abêtissement de la politisation. Ils se rendent compte tous les deux que, dans le monde moderne de la technique et des médias, les espoirs de la culture ne sont pas grands. Les opinions de Musil et de Werfel furent très mal accueillies à Paris. Pourtant, dans toutes les discussions politico-culturelles que j'entends autour de moi, je n'aurais presque rien à ajouter à ce qu'ils ont dit et je me sens, en ces moments-là, très attaché à eux, je me sens, en ces moments-là, irréparablement centre-européen.

nous promenions dans les rues de Prague. Nous descendîmes de Hradchine, où il habitait, vers la presqu'île de Kampa ; nous traversâmes le pont Manes. Il essayait de plaisanter : comment les flics allaient-ils déchiffrer son langage philosophique, plutôt hermétique ? Mais aucune plaisanterie ne pouvait calmer l'angoisse, ne pouvait remédier à la perte de dix ans de travail que représentait ce manuscrit, dont le philosophe n'avait aucune copie.

Nous discutâmes la possibilité d'adresser une lettre ouverte à l'étranger pour faire de cette confiscation un scandale international. Il nous était clair qu'il fallait s'adresser non pas à une institution ou à un homme d'État, mais seulement à une personnalité placée au-dessus de la politique, à quelqu'un qui représentât une valeur indiscutable, communément admise en Europe. Donc à une personnalité de la culture. Mais où était-elle ?

Subitement, nous comprîmes que cette personnalité n'existait pas. Oui, il y avait de grands peintres, dramaturges et musiciens, mais ils n'occupaient plus dans la société la place privilégiée des autorités morales que l'Europe accepterait comme ses représentants spirituels. La culture n'existait plus comme le domaine où se réalisaient les valeurs suprêmes.

Nous marchâmes vers la place de la vieille ville

dans le voisinage de laquelle j'habitais alors, et nous sentîmes une immense solitude, un vide, le vide de l'espace européen d'où la culture s'en allait lentement[1].

11

Le dernier souvenir de l'Occident que les pays centre-européens gardent de leur propre expérience est celui de la période 1918-1938. Ils y tiennent plus qu'à n'importe quelle autre époque de leur histoire (les sondages effectués clandestinement le prouvent). Leur image de l'Occident est donc celle de l'Occident d'hier ; de l'Occident où la culture n'avait pas encore cédé tout à fait sa place.

En ce sens je voudrais souligner une circonstance significative : les révoltes centre-européennes

1. Enfin, après une longue hésitation, il a quand même envoyé cette lettre – à Jean-Paul Sartre. Oui, c'était encore la dernière grande figure mondiale de la culture : pourtant, c'était justement lui qui, à mes yeux, par sa conception de « l'engagement », avait posé la base théorique d'une abdication de la culture comme force autonome, spécifique et irréductible. Quoi qu'il en soit, il a réagi à la lettre de mon ami promptement par un texte publié dans *Le Monde.* Sans cette intervention, je ne crois pas que la police aurait rendu enfin (près d'un an plus tard) le manuscrit au philosophe. Le jour de l'enterrement de Sartre, le souvenir de mon ami praguois me revenait à l'esprit : maintenant, sa lettre n'aurait plus trouvé aucun destinataire.

n'étaient pas soutenues par les journaux, par la radio ou par la télévision, c'est-à-dire par les médias. Elles étaient préparées, mises en œuvre, réalisées par des romans, par la poésie, par le théâtre, par le cinéma, par l'historiographie, par des revues littéraires, par des spectacles comiques populaires, par des discussions philosophiques, c'est-à-dire par la culture. Les mass media qui, pour un Français ou un Américain, se confondent avec l'image même de l'Occident contemporain, ne jouèrent aucun rôle dans ces révoltes (ils étaient complètement asservis par l'État)[1].

C'est pourquoi, quand les Russes occupèrent la Tchécoslovaquie, la première conséquence en fut la destruction totale de la culture tchèque en tant que telle. Le sens de cette destruction fut triple ; premièrement, on détruisit le centre de l'opposition ; deuxièmement, on mina l'identité de la nation afin qu'elle pût être plus facilement digérée par la civilisation russe ; troisièmement, on mit une fin violente à l'époque des Temps modernes, c'est-à-dire à cette époque où la culture représentait encore la réalisation des valeurs suprêmes.

1. Il faut pourtant mentionner une célèbre exception : pendant les premiers jours de l'occupation russe de la Tchécoslovaquie, ce furent la radio et la télévision qui, par leurs émissions clandestines, jouèrent un rôle tout à fait remarquable. Mais même alors, c'était toujours la voix des représentants de la culture qui y dominait.

C'est cette troisième conséquence qui me paraît la plus importante. En effet, la civilisation du totalitarisme russe est la négation radicale de l'Occident tel qu'il était né à l'aube des Temps modernes, fondé sur l'ego qui pense et qui doute, caractérisé par la création culturelle conçue comme l'expression de cet ego unique et inimitable. L'invasion russe a jeté la Tchécoslovaquie dans l'époque « après culture » et l'a rendue ainsi désarmée et nue face à l'armée russe et à la télévision omniprésente de l'État.

Encore ébranlé par cet événement triplement tragique qu'était l'invasion de Prague, je suis venu en France et j'ai essayé d'expliquer à mes amis français le massacre de la culture qui eut lieu après l'invasion : « Imaginez ! On a liquidé toutes les revues littéraires et culturelles ! Toutes, sans exception ! Cela ne s'est jamais passé dans l'histoire tchèque, même pas sous l'occupation nazie pendant la guerre ! »

Or, mes amis me regardaient avec une indulgence embarrassée dont je compris le sens plus tard. En effet, quand on liquida toutes les revues en Tchécoslovaquie, la nation tout entière le savait, et elle ressentit avec angoisse la portée immense de cet événement[1]. Si en France ou

1. L'hebdomadaire *Literarni noviny* (*Journal littéraire*), tiré à trois cent mille exemplaires (dans un pays de dix millions

en Angleterre toutes les revues disparaissaient, personne ne s'en apercevrait, même pas leur éditeur. À Paris, même dans le milieu tout à fait cultivé, on discute pendant les dîners des émissions de télévision et non pas des revues. Car la culture a déjà cédé sa place. Sa disparition, que nous vécûmes à Prague comme une catastrophe, un choc, une tragédie, on la vit à Paris comme quelque chose de banal et d'insignifiant, d'à peine visible, comme un non-événement.

12

Après la destruction de l'Empire, l'Europe centrale a perdu ses remparts. Après Auschwitz,

---

d'habitants), fut édité par l'Union des écrivains tchèques. C'est lui qui, pendant des années, prépara le Printemps de Prague et en fut ensuite la tribune. Par sa structure, il ne ressemblait pas aux hebdomadaires du type de *Time* qui, tous pareils, se sont répandus dans l'Amérique et l'Europe. Il était vraiment littéraire : on y trouvait de longues chroniques sur l'art, des analyses de livres. Les articles consacrés à l'histoire, à la sociologie, à la politique étaient écrits non par des journalistes mais par des écrivains, des historiens et des philosophes. Je ne connais aucun hebdomadaire européen de notre siècle qui ait joué un rôle historique aussi important et qui l'ait joué aussi bien. Les tirages des mensuels littéraires tchèques se situaient entre dix mille et quarante mille exemplaires, et leur niveau était, en dépit de la censure, remarquable. En Pologne, les revues ont une importance comparable : aujourd'hui, on y compte des centaines (!) de revues clandestines !

qui balaya la nation juive de sa surface, n'a-t-elle pas perdu son âme ? Et après avoir été arrachée à l'Europe en 1945, existe-t-elle encore ?

Oui, sa création et ses révoltes indiquent qu'elle « n'a pas encore péri ». Mais si vivre veut dire exister dans les yeux de ceux qu'on aime, l'Europe centrale n'existe plus. Plus précisément : dans les yeux de son Europe aimée, elle n'est qu'une partie de l'Empire soviétique et rien de plus et rien de plus.

Et pourquoi s'en étonner ? Par son système politique, l'Europe centrale est l'Est ; par son histoire culturelle, elle est Occident. Mais puisque l'Europe est en train de perdre le sens de sa propre identité culturelle, elle ne voit dans l'Europe centrale que son régime politique ; autrement dit : elle ne voit dans l'Europe centrale que l'Europe de l'Est.

L'Europe centrale doit donc s'opposer non seulement à la force pesante de son grand voisin, mais aussi à la force immatérielle du temps qui, irréparablement, laisse derrière lui l'époque de la culture. C'est pourquoi les révoltes centre-européennes ont quelque chose de conservateur, je dirais presque d'anachronique : elles tentent désespérément de restaurer le temps passé, le temps passé de la culture, le temps passé des Temps modernes, parce que seulement dans cette époque-là, seulement dans le monde qui garde une dimension culturelle, l'Europe centrale peut encore défendre son identité, peut encore être perçue telle qu'elle est.

Sa vraie tragédie n'est donc pas la Russie, mais l'Europe. L'Europe, cette Europe qui, pour le directeur de l'agence de presse de Hongrie, représentait une telle valeur qu'il était prêt à mourir pour elle, et qu'il mourut. Derrière le rideau de fer, il ne se doutait pas que les temps ont changé et qu'en Europe l'Europe n'est plus ressentie comme valeur. Il ne se doutait pas que la phrase qu'il envoya par télex au-delà des frontières de son plat pays avait l'air désuète et ne serait jamais comprise.

Composition : Nord Compo.
Achevé d'imprimer
par l'Imprimerie Floch
à Mayenne, en octobre 2021.
Dépôt légal : octobre 2021.
Numéro d'imprimeur : 99285.

ISBN 978-2-07-296633-0 / Imprimé en France.

402019